Hildegard Wiery

# Glutenfreies Kochen mit Mais und Maisprodukten

Titelbild: ONOFRE – GrafikDesignAgentur, Klagenfurt.
Seite 91: Karnerta/Prokop, alle anderen Josef Emhofer, www.foto-emhofer.at.


Layout und Satz: ONOFRE – GrafikDesignAgentur, Klagenfurt
Druck: Druckerei Theiss GmbH, St. Stefan
Printed in Austria
ISBN 978-3-7084-0365-6

# Inhaltsverzeichnis

# Vorwort

Die große Nachfrage nach der ersten Auflage „Problemloses Kochen für Zöliakiepatienten" gab mir den Anstoß für diese umfangreiche Sammlung an neuen Rezepten. Die bunte Mischung an Speisen wird ausschließlich mit Maismehl oder Maisgrieß zubereitet und ist bei sorgfältiger Auswahl der Zutaten glutenfrei. Die Speisen sind für jeden geeignet und leicht nachzukochen.

Ich bin eine begeisterte Hobbyköchin und habe durch meine Arbeit erfahren, wie schwer es oft ist, für ältere und kranke Menschen zu kochen. Aus diesem Grund habe ich nun wieder eine Vielzahl an neuen Rezepten entwickelt, mit deren kulinarischen Gaumenfreuden die ganze Familie versorgt werden kann. Auch beim 1. Lavanttaler Maissterzfest in Wolfsberg gelang es mir, zahlreiche Mitmenschen mit meinen Gerichten zu begeistern. Viele der Rezepte wurden vom Lavanttaler Hobbykochklub nachgekocht.

Ich wünsche Ihnen gutes Gelingen beim Nachkochen und Backen.

Hildegard Wiery

## *Für ålle, de gern kochn tåmb!*

Du håst a Kochbuach in da Hånd,
gschriebm mit ♥ und Hausvastånd,
mit Rezepte – de Du mågst
und åls Allergiker vatrågst!

Nimm oanfåch Maisgriaß oda –Maismehl,
koch wås nåch – wirst sehgn – geht schnell,
dånn håst für ålle – dås is gscheit –
a kulinarische Gaumenfreud!

Ob für Suppm, Tortn, Sterz,
egal für wås es hupft – Dei Herz –
für Vor- und Hauptspeis – jednfålls –
in degn Büachlan findast ålls!

Frau Wiery is a Köchin gwesn,
håt 's Umapatzln nia vagessn!
In Gemmersdorf (ihrn Hoamatnest)
mâcht sie für'n Sterz glei 's erschte Fest!

Dås håt sie weiter animiert,
neue Rezepte ausprobiert,
Åltbewährtes übadåcht,
und dås Kochbuach zåmmgebråcht!

Ihr Maissterzfest – dås håt sie vor –
gibb's hiatz in Wolfsberg ålle Jåhr!
Wo dås is? – Im Låvnttål!
Kimm vabei – und kost amål!

***Dånn wirst Du sehgn – Mais måcht fit –***
***sie wünscht Dir – Guatn Appetit!***

Edith Kienzl

# Österreichische Arbeitsgemeinschaft Zöliakie

Mais stammt ursprünglich aus Mittel- und Südamerika und gelangte um 1560 als „Türkisches Korn" oder „Kukuruz" nach Österreich.

Gemahlener Mais ist die Grundlage jeder Polenta, und diese war bis vor wenigen Jahrzehnten die Grundnahrung der Bauern im oberitalienischen Friaul.

Die Polenta ist auch heute noch ein beliebtes Gericht der italienischen Küche, aber auch in Österreich, speziell in Kärnten und der Steiermark.

Man unterscheidet zwischen dem roten, dem gelben und dem besonders geschätzten weißen Maismehl.

Inzwischen gibt es unzählige Rezepturen, wie Sie sie auch in diesem Kochbuch vorfinden. Nicht nur als Türkensterz, sondern auch als Suppeneinlage, Beilage oder als Süßspeise schmeckt Polenta hervorragend.

Aus Mais wird Maisstärke und Maiskeimöl gewonnen. Sehr beliebt sind auch die daraus hergestellten Cornflakes oder das Popcorn.

Außerdem ist Mais ein besonders nährstoffreiches Getreide und sehr gesund.

Folgende Nährstoffe sind im Mais enthalten: Vitamin A, Vitamin E, Vitamin K, Vitamin B1 + B2, Beta-Karotin, Phosphor, Magnesium und Zink.

Mais ist glutenfrei und daher besonders bei Zöliakie geeignet. Jedoch ist bei der Zubereitung von glutenfreien Speisen darauf zu achten, dass ausschließlich glutenfreie Zutaten verwendet werden.

Mais- und Polentaprodukte können durch die Produktion mit anderem glutenhältigen Getreide verunreinigt werden. Besonders in der Getreidemühle und in Abfüllanlagen kann es zu Kontaminationen kommen.

Wenn Sie diese Rezepte für Zöliakie-Betroffene zubereiten, achten Sie bitte darauf, dass Sie nur Mais- und Polentaprodukte verwenden, die überprüft wurden. Diese sind mit dem internationalen Glutenfrei-Symbol (durchgestrichene Getreideähre) gekennzeichnet. Diese Produkte finden Sie auch im Zöliakie-Handbuch der Österreichischen Arbeitsgemeinschaft Zöliakie.

Bei näheren Informationen zum Thema Zöliakie wenden Sie sich bitte an unten stehende Adresse.

Ich wünsche Ihnen gutes Gelingen bei der Zubereitung dieser schmackhaften Rezepturen!

Eva Terler
Diätologin
Österreichische Arbeitsgemeinschaft Zöliakie
Landesleitung Steiermark & Diätberatung
A-8020 Graz, Göstingerstraße 32D/9
E-Mail: zoeliakie.steiermark@gmx.at
Internet: www.zoeliakie.or.at

# Hinweise:

Die Rezepte sind für 3 bis 6 Portionen berechnet.

Bewusste Auswahl und Zubereitung der täglichen Speisen sollen die Lebensfreude erhöhen und die Gesundheit festigen. Iss das Richtige!

***Iss was gar ist.***
***Trink' was klar ist.***
***Sag' was wahr ist.***

# Erklärungen und Abkürzungen:

Beuschel = Lunge

Dampferl = Gärprobe

Eierschwammerln = Pfifferlinge

EL = Esslöffel

Erdäpfel = Kartoffel

Fisolen = Bohnen

garnieren = verzieren

Germ = Hefe

Häferl = ein Glas

KL = Kaffeelöffel

l = Liter

linden = rösten

Maizena = Maisstärke

P = Päckchen

Riebel = Reibgerste

Rosinen = Sultaninen

Stamperl = 2 cl.

T = Tasse

TL = Teelöffel

Topfen = Quark

Wutzlnudel = Schupfnudel

## *So a Sterz*

A ålte Låvnttåla Kost
is a guata Sterz zan Most!
Ob Årdbirn-, Hadn-, Türknsterz,
schon ban Kochn hupft dås Herz
ba da Muatta, wenn's gelingg
und sie an Sterz zan Tisch herbringg!
Nur da Våta låsst'n steahn:
„Dås is a Kost zan tålåb geahn!"

Edith Kienzl

# STERZE

# Gemmersdorfer Mühlensterz

*500 g Kartoffeln*
*1/8 l Wasser*
*100–150 g Schweineschmalz*
*Salz*

*250 g Beuschel*
*3 große Zwiebeln*
*100 g Schweineschmalz oder Maisöl*
*100 g Petersilie*
*4 klein gehackte Knoblauchzehen*
*Salz, Pfeffer*
*Majoran, Basilikum*

**Zubereitung:** Die fein gehackten Zwiebeln im Fett anschwitzen. Das gekochte, klein faschierte Beuschel dazugeben, mit Salz, Pfeffer, Majoran, Basilikum, Petersilie und Knoblauch würzen. Anrösten und ca. 15 Minuten ausdünsten lassen. Die Beuschelmasse unter den Krumpensterz (Rezept nachstehend) mischen. Mit grünem Salat servieren. Als Getränk passt sehr gut Lavanttaler Apfelmost dazu.

# Krumpensterz

*12 mittelgroße Kartoffeln*
*8 EL Maismehl*
*Salz, Muskat, gemahlen*
*150 g Butter oder Fett*

**Zubereitung:** Kartoffeln schälen, würfelig schneiden und in ca. 1 l Salzwasser weich kochen. Die Hälfte des Kochwassers abgießen, die andere Hälfte aufbewahren. Das Mehl unter die gekochten Kartoffeln mischen, gut durchgabeln und bei schwacher Hitze ca. 10 Minuten ausdünsten lassen. Wenn notwendig, noch etwas vom Salzwasser dazugeben.

Mit heißer Butter (Fett oder Öl) abschmalzen und nochmals gut durchgabeln.

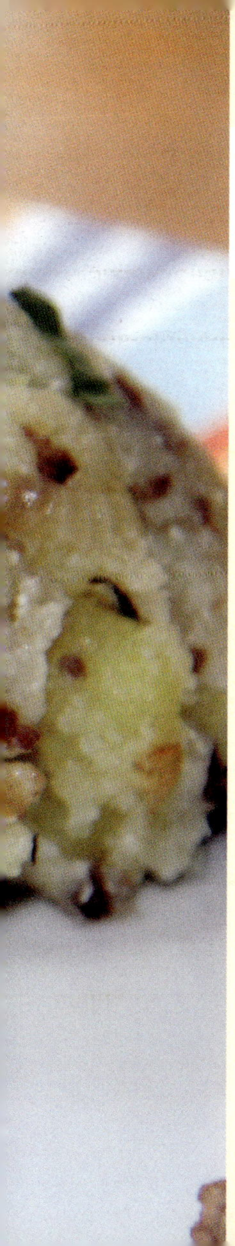

# Lavanttaler Mühlensterz

*500 g Kartoffeln*
*100 g weißes Maismehl*
*250 g Faschiertes*
*3 gehackte Zwiebeln*
*100 g Butter oder Margarine*
*Salz, Pfeffer*
*Majoran, Thymian*
*klein gehackter Knoblauch*
*klein gehackte Petersilie*

**Zubereitung:** Kartoffeln schälen, würfelig schneiden und in Salzwasser weich kochen. Die Hälfte des Kochwassers abschütten, das Mehl zu den Kartoffeln geben, gut durchgabeln und bei schwacher Hitze 10 Minuten ausdünsten lassen. Butter erhitzen, Zwiebeln darin anrösten, Faschiertes dazugeben, gut durchmischen, Gewürze und Knoblauch unterrühren und die Masse ca. 10 Minuten rösten. Die Hälfte der Fleischmasse zum Kartoffelsterz geben und gut durchrühren. Das restliche Faschierte über dem Sterz verteilen und diesen mit Petersilie garnieren.

# Maissterz mit Rahmguss

*200 g gelbes Maismehl*
*1/4 l Gemüsefond oder Wasser*
*Salz, Pfeffer*
*80 g Butter oder Margarine*
*2 hart gekochte, geschälte, klein gehackte Eier*
*1 Bund klein geschnittener Schnittlauch*
*2 klein gehackte Schalotten*
*2 EL klein gehackte Kapern*
*1/4 l Sauerrahm*
*1 EL Olivenöl*

**Zubereitung:** Gemüsefond aufkochen lassen, Maismehl einrühren und zugedeckt 30 Minuten ziehen lassen. Gemüsefond abgießen, den Mehlklumpen in die heiße Butter geben und durchgabeln. Olivenöl erhitzen, die Schalotten dazugeben und goldgelb rösten. Eier, Schnittlauch und Kapern zu den gerösteten Schalotten geben, würzen und den Sauerrahm untermischen. Die Sauce über den Sterz gießen und servieren.

# Maissterz mit Schafskäse

*120 g weißer Maisgrieß*
*1/2 l Milch*
*1/8 l Sahne*
*Salz, Rosmarin, Thymian, Basilikum*
*150 g Olivenöl oder Nussöl*
*100 g Schafskäse*
*50 g Butter*

**Zubereitung:** Maisgrieß linden, mit Milch und Sahne aufgießen, Salz und Gewürze dazugeben, gut verrühren und ca. 20 Minuten zugedeckt ausdünsten lassen. Würfelig geschnittenen Schafskäse untermischen. Butter erhitzen und über die Masse gießen. Gut durchgabeln und noch 10 Minuten ziehen lassen.

Mit Chilisauce (Rezept Seite 92) servieren.

# Linsensterz

*300 g gekochte Linsen*
*1/8 l Linsenwasser*
*2 EL Sauerrahm*
*1 Schuss Weinessig*
*200 g weißes Maismehl oder Reismehl*
*200 g klein würfelig geschnittenes Wurzelwerk (Karotten, Sellerie, Porreeringe)*
*100 g gekochter Schinken*
*100 g Butter oder Maisöl*
*Salz, Pfeffer*
*Rosmarin*

**Zubereitung:** Mehl ohne Fett linden, mit Linsenwasser aufgießen und durchgabeln. Weinessig, Sauerrahm und die Gewürze dazugeben und die Linsen untermischen. Die Butter erhitzen, das Wurzelwerk und den kleine geschnittenen Schinken in das Fett geben, kurz anrösten und einen Teil davon unter den Linsensterz gabeln. Den anderen Teil auf dem fertigen Linsensterz verteilen.

# Paprika-Maissterz

*100 g weißer Maisgrieß*
*1/2 l Gemüsefond*
*40 g Butter*
*2 rote und 1 grüne Paprika*
*70 g gehackte Zwiebeln*
*Salz, Pfeffer*
*Chili*
*3 EL Olivenöl*
*schwarze Oliven zum Garnieren*

**Zubereitung:** Olivenöl erhitzen, die klein gehackten Zwiebeln anrösten. Paprika entkernen, würfelig schneiden, zu den Zwiebeln geben und die Gewürze einrühren. Maisgrieß ohne Fett linden (rösten), mit Gemüsefond aufgießen, gut durchrühren und ca. 25 Minuten ausdünsten lassen. Butter erhitzen und unter den Maissterz gabeln. Das Paprikagemisch unterheben. Mit schwarzen Oliven garnieren.

# Pußtasterz

*250 g weißer Maisgrieß*
*ca. 1/2 l Wasser*
*Salz*
*150 g Butter oder Olivenöl*

***Sauce:***
*2 große Zwiebeln (ca. 200 g)*
*250 g klein geschnittene Paprika*
*250 g klein geschnittene Zucchini*
*2 blanchierte, klein geschnittene Tomaten*
*1 klein gehackte Knoblauchzehe*
*ca. 4 EL Olivenöl*
*1 Messerspitze Paprikapulver*
*1 Messerspitze Chilipulver*
*2 Stamperln Gemüsefond (Rotwein)*
*Salz, Pfeffer*
*Basilikum, Rosmarin*

**Zubereitung:** Maisgrieß anrösten (linden), mit Wasser aufgießen und salzen. Ca. 20 Minuten ziehen lassen. Die heiße Butter in die Maisgrießmasse geben und durchgabeln. Vor dem Servieren eine Form mit kaltem Wasser gut ausspülen. Die Maismasse in die Form hineindrücken und auf einen Teller stürzen. Die Sauce darübergeben und servieren.

**Sauce:** Öl erhitzen, Zwiebeln klein hacken und im Öl kurz anrösten. Paprika, Zucchini und Tomaten dazugeben. Mit Gemüsefond (Rotwein) aufgießen, Gewürze beifügen und ca. 30 Minuten dünsten lassen. Wenn notwendig, noch etwas Flüssigkeit dazugeben.

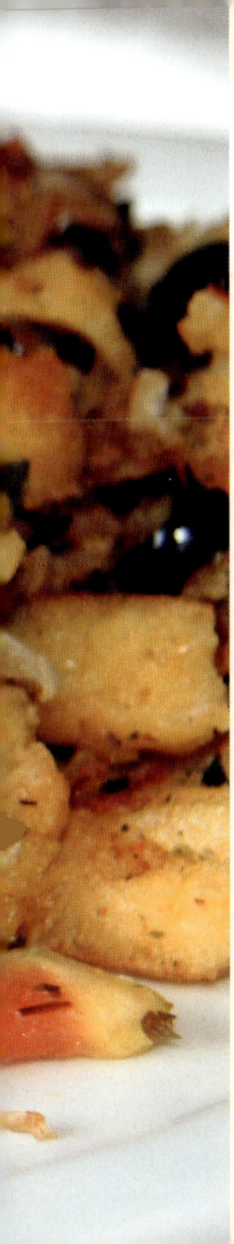

# Narrensterz

*150 g gewürfelter Hamburgerspeck*
*200 g klein gehackte Zwiebeln*
*120 g Butter oder 4 EL Maisöl*
*250 g Faschiertes*
*12 entkernte Oliven*
*2 gewürfelte Tomaten*
*Salz, Pfeffer, Rosmarin*
*180 g weißes Maismehl oder Bohnenmehl*
*1/2 l Milch*
*Salz*
*4 Eier*
*Öl zum Backen*

**Zubereitung:** In einer Pfanne Fett erhitzen, die Zwiebeln darin anrösten, die Speckwürfel dazugeben und mitrösten. Die Gewürze, die Oliven, Tomaten und das faschierte Fleisch unterrühren und ca. 15 Minuten rösten. Milch, Salz, Maismehl und Dotter vermengen, den steifgeschlagenen Eischnee unterheben. In einer Pfanne das Fett erhitzen, einen Schöpfer vom Teig ins heiße Fett geben, goldgelb backen und wenden. Mit einer Gabel den Teig zerreißen. Die Masse mit dem Faschierten darübergeben und gut durchrösten.

# Schwarzbeersterz

*200 g weißes Maismehl*
*1/2 l Milch*
*40 g Zucker*
*4 Eier*
*200 g Schwarzbeeren (Heidelbeeren)*
*1 Vanillezucker*
*2 EL Butter*
*Salz*
*Staubzucker zum Bestreuen*

**Zubereitung:** Aus Milch, Mehl, Dotter, Vanillezucker und Salz einen Teig zubereiten.

Den mit Zucker aufgeschlagenen Eischnee vorsichtig unterheben. Anschließend die Schwarzbeeren in die Masse geben. Die Butter in einer Pfanne erhitzen, den Teig eingießen, goldgelb anbraten lassen und wenden. Den fertigen Sterz in kleine Stücke zerreißen und mit Staubzucker bestreuen.

Mit Kompott oder Kaffee servieren.

# Schwammerlsterz

*500 g gewaschene, blättrig geschnittene Eierschwammerln*
*1 Stamperl Distelöl*
*1 kleinere, klein gehackte Zwiebel*
*150 g Maisgrieß*
*1/2 Bund klein geschnittene Petersilie*
*1/8 l Schlagsahne*
*1/4 l Gemüsefond*
*Majoran*
*Salz, Pfeffer*

**Zubereitung:** Öl in einer Pfanne erhitzen, Zwiebeln darin goldgelb rösten. Die Eierschwammerln unterrühren, kurz anrösten, den Maisgrieß untermischen und mitrösten. Gewürze und Petersilie dazugeben, mit Gemüsefond und Schlagobers aufgießen, gut umrühren, ca. 25 Minuten dünsten lassen.

Mit Salat servieren.

# Spucksterz

*100 g weißer Maisgrieß*
*500 g Topfen*
*4 Eier*
*1 Vanillezucker*
*120 g Zucker*
*Salz*
*160 g Butter zum Backen*
*200 g Kirschen*
*Zimt und Zucker zum Bestreuen*

**Zubereitung:** Dotter, Zucker und Vanillezucker schaumig schlagen, Topfen und Maisgrieß dazugeben, gut durchrühren. Das gesalzene und steifgeschlagene Eiklar unter die Masse heben. Die zerlassene Butter in eine Auflaufform geben, den Teig hineingießen und glatt streichen. Die Kirschen darauf verteilen und im vorgeheizten Backrohr bei 180°C ca. 10 Minuten backen. Den Sterz mit einer Gabel zerreißen und nochmals 10 Minuten überbacken. Mit Zimt und Zucker bestreuen und servieren.

# Waldsterz

*1 T Maisgrieß*
*2 T Gemüsefond*
*Salz, Pfeffer, Majoran*
*300 g klein geschnittene Zwiebeln*
*250 g Butter oder Margarine*
*50 g klein gehackte Petersilie*
*350 g zerkleinerte Schwammerln*
*(Eierschwammerln, Herrenpilze)*

**Zubereitung:** Maisgrieß linden, mit Gemüsefond aufgießen, salzen, ca. 25 Minuten dünsten lassen. Zwiebeln in heißer Butter anschwitzen, die gewaschenen, geputzten und zerkleinerten Schwammerln und die Petersilie hinzufügen und weich dünsten. Die Hälfte der Schwammerlmasse unter den Sterz gabeln und ca. 10 Minuten zugedeckt ziehen lassen. Vor dem Servieren die restliche Schwammerlmasse über den Sterz geben.

Mit Salat oder Sauermilchgurken servieren.

# VORSPEISEN UND SUPPEN

# Kartoffel-Gemüseschmarren

*1000 g gekochte, passierte Kartoffeln*
*3 Eier*
*6 EL Schlagobers*
*7 EL weißes Maismehl*
*Salz, Pfeffer, Majoran*
*20 g gekochte Erbsen*
*20 g gekochte, klein geschnittene Schwarzwurzeln*
*10 g gekochte Maiskörner*
*1 Bund klein gehackte Petersilie*

**Zubereitung:** Die Kartoffeln salzen, mit den Eiern, der Sahne, dem Gemüse, den Gewürzen, der Petersilie und dem Mehl gut verrühren. Butter in einer Pfanne erhitzen, die Masse hineingeben und anbraten, wenden, goldgelb fertig braten und mit einer Gabel in kleinere Stücke zerreißen.

Mit Salat servieren.

# Mais-Lachs-Gorgonzola-Auflauf

*280 g weißer Maisgrieß*
*1/2 l Gemüsefond oder Fischfond*
*3 EL Butter*
*Salz, Muskat, gemahlen*
*1/2 Bund klein geschnittene Petersilie*

*150 g Erbsen*
*100 g fein geriebene Mandeln*
*75 g Butter*
*Salz, Pfeffer*
*1/2 Bund klein gehackter Dill*
*200 g klein geschnittener Gorgonzola*
*300 g klein gehackter Lachs*
*5 Eier*
*1/8 l Sahne*
*1/2 TL Maisstärke*

**Zubereitung:** Maisgrieß in einer Pfanne linden, mit Gemüsefond aufgießen, Gewürze und Petersilie dazugeben, durchrühren, aufkochen und ausdünsten lassen. Eine Auflaufform mit Butter bestreichen, die Masse hineingeben, glatt streichen und im vorgeheizten Backrohr ca. 15 Minuten backen.

Eier und Sahne schaumig schlagen, Gewürze, Maisstärke und Dill dazugeben, alles gut durchrühren. Dann Gorgonzola, Erbsen und Lachs untermischen. Die Masse auf den Maisboden streichen und ca. 15 Minuten überbacken. Heiß servieren.

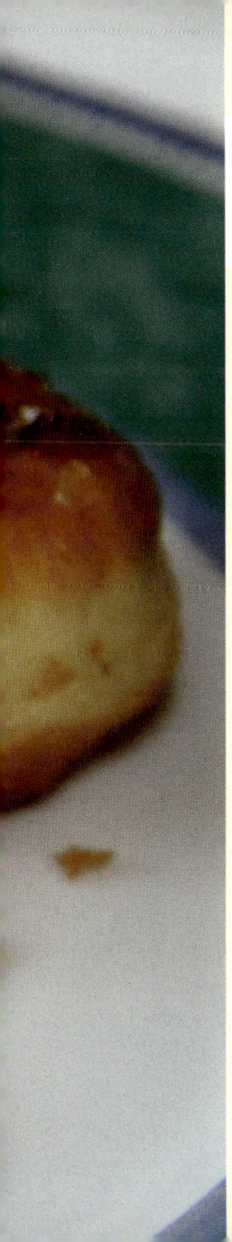

# Grammelkrapfen

*200 g Grammeln*
*250 g Maismehl*
*250 g Klebe-Reismehl*
*1 Stamperl Schlagobers*
*1 Stamperl Weißwein*
*2 Dotter*
*Salz*
*1 P Trockenhefe*
*1/8 l lauwarme Milch*
*Salz, Pfeffer*
*Kümmel und grobes Salz zum Bestreuen*

***Dampferl:***
*2 Stamperln lauwarme Milch*
*1 TL Zucker*
*1 Prise Maismehl*
*20 g Hefe*

**Zubereitung:** Maismehl und Reismehl mischen, Trockenhefe (oder das Dampferl) unterrühren und die Gewürze dazugeben. Die Eidotter, die Sahne und den Wein mit der Milch schaumig rühren. Die Grammeln und die Milchmasse in das Mehl geben und gut durchkneten, ca. 1/2 Stunde rasten lassen. Den Teig auf einem mit Mehl bestaubten Nudelbrett ausrollen und kleinere Krapferln ausstechen, nochmals ca. 20 Minuten rasten lassen, dann mit Ei bestreichen und mit Salz und Kümmel bestreuen. Backblech mit Butter bestreichen, mit Maismehl stauben, Krapferln draufsetzen und im vorgeheizten Backrohr bei 180°C ca. 25 Minuten backen. Noch heiß mit Salat servieren.

**Dampferl:** Germ in die lauwarme Milch rühren, Zucker dazugeben und mit Mehl stauben. Gut verrühren, ca. 10 Minuten an einem warmen Ort stehen lassen, bis das Dampferl aufgeht.

# Mais-Zwiebelauflauf

*300 g weißer Maisgrieß*
*ca. 1/4 l Gemüsefond*
*60 g Butter*
*8 Eier*
*Salz, Rosmarin, Pfeffer*
*2 EL Olivenöl*
*500 g würfelig geschnittene, rote Zwiebeln*
*60 g klein geschnittene, schwarze Oliven*
*100 g klein gewürfelter Räucherschinken*
*80 g geriebener Butterkäse*

**Zubereitung:** Maisgrieß linden, mit Gemüsefond aufgießen. Die Butter und die Gewürze dazugeben, gut unterrühren und ausdünsten lassen. Die Eidotter in die ausgekühlte Maismasse einarbeiten. Olivenöl erhitzen, Zwiebeln darin goldgelb rösten, Schinken und Oliven dazugeben, kurz mitrösten und alles in die Maismasse einrühren. Käse und steifgeschlagene Eiklar unter die Masse heben. Eine Auflaufform mit Butter bestreichen und mit Maismehl bestauben, die Maismasse hineinfüllen und glatt streichen. Im vorgeheizten Backrohr ca. 35 Minuten bei 180°C backen.

# Spinatspätzle mit Schinken

*250 g Maismehl*
*2 EL Heidenmehl*
*Salz, Muskat, fein gerieben*
*1 Ei*
*1/8 l Milch*
*100 g klein gehackte Zwiebeln*
*150 g gekochter, passierter Spinat*
*100 g klein geschnittener Schinken*
*20 g Margarine oder Butter*
*50 g klein gehackte Zwiebeln*
*Salz, Pfeffer*

**Zubereitung:** Salz, Muskat und Mehl in die Milch einrühren, das Ei dazugeben, gut durchrühren. Zwiebeln und den passierten Spinat untermischen. Aus dem Teig kleine Nockerln formen, in Salzwasser einkochen, aufkochen lassen, abgießen und mit kaltem Wasser abschrecken. Butter erhitzen, die Zwiebeln dazugeben und goldgelb rösten. Schinken unterrühren, kurz mitrösten, die Spinatnockerln hineingeben, und ca. 10 Minuten ziehen lassen.

Mit Salat servieren.

# Schinkenpudding

*250 g klein geschnittener Schinken oder mageres Selchfleisch*
*50 g Butter*
*50 g weißer Maisgrieß*
*1/8 l Sauerrahm*
*2 Eier*
*Salz*

**Zubereitung:** Die Butter erhitzen, den Maisgrieß dazugeben und kurz anrösten, mit Rahm aufgießen, salzen und kurz kochen lassen. Die Masse auskühlen, die Dotter und den Schinken einrühren, das steifgeschlagene Eiklar unter die Maiscreme heben. Puddingformen mit Butter bestreichen, die Masse einfüllen und 1/2 Stunde im Wasserbad im vorgeheizten Backrohr stocken lassen.

Den Schinkenpudding mit Buttergemüse servieren.

# Gemmersdorfer Kirchtagssterzsuppe

*200 g klein geschnittene Rindsschulter oder Beinschinken (Geselchtes)*
*200 g klein geschnittene Karotten, Sellerie, Lauch*
*500 g klein geschnittene Fisolen*
*130 g Bauchspeck*
*4 EL Paprikapulver*
*2 EL Tomatenmark*
*2 klein geschnittene Zwiebeln*
*1 l Gemüsefond*
*2 gehackte Knoblauchzehen*
*Pfeffer, Salz, Majoran*
*1 Lorbeerblatt*
*1/8 l Sauerrahm oder Sahne*
*1 EL weißes Maismehl*
*3 EL Wasser*

**Zubereitung:** In einem Topf das Öl erhitzen, die Zwiebeln darin goldgelb rösten, das Wurzelwerk einrühren und mitrösten. Das Fleisch und den Speck dazugeben, mitrösten, das Paprikapulver unterrühren, mit einem Schuss Essig ablöschen und mit Gemüsefond aufgießen. Fisolen, Tomatenmark, Knoblauch und die Gewürze dazugeben und alles weich kochen. Maismehl mit Wasser verrühren, in die Suppe einkochen, kurz aufkochen. Den Sauerrahm einrühren und nicht mehr kochen lassen. Die Suppe in eine Suppentasse geben, mit Schlagobers und gehackter Petersilie servieren.

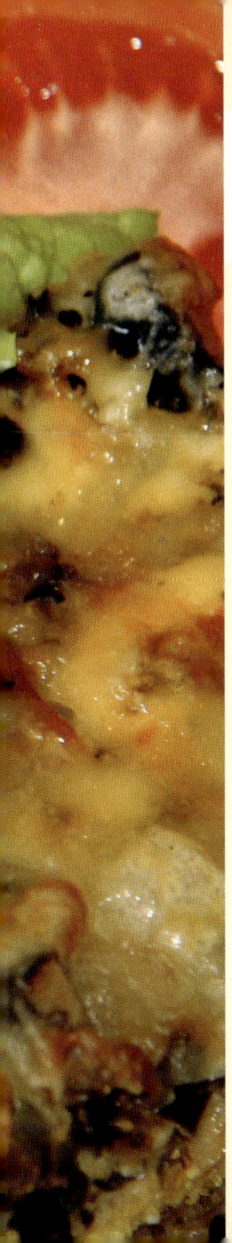

# Mediterraner Maisgrieß-Auflauf

*3/4 l Gemüsefond*
*250 g Maisgrieß*
*2 Eier, 2 Dotter*
*80 g klein gehackte, geröstete Zwiebeln*
*2 klein gehackte Knoblauchzehen*
*40 g gemischte Kräuter*
*Petersilie*
*2 klein gehackte Salbeiblätter*
*20 g klein geschnittene Fenchelstangen*

***Fülle:***
*1 klein gehackte Zwiebel*
*1 Stamperl Olivenöl*
*250 g klein gehackte Zucchini*
*250 g klein gehackte Melanzani*
*250 g Maiskörner*
*3 blanchierte, gehackte Tomaten*
*100 g klein geschnittene, grüne Paprika*
*250 g Schafskäse*

***Belag:***
*100 g gehackte Oliven*
*200 g geriebener Schmelzkäse*
*Oregano, Thymian, Salz, Pfeffer*

**Zubereitung:** Maisgrieß in einem Topf anrösten und mit Gemüsefond aufgießen. Gut umrühren, ca. 10 Minuten dünsten lassen und abkühlen. Eier, Dotter, geröstete Zwiebeln, Knoblauch und Kräuter einrühren. Ein Backblech einfetten und die halbe Masse darauf verteilen. Die Fülle auf den Maisboden streichen und die restliche Maismasse darübergeben. Den Belag darüberstreuen und im vorgeheizten Backrohr bei ca. 180°C 30 Minuten backen.

Mit Paprikasauce servieren.

**Fülle:** Olivenöl in einer Pfanne erhitzen, Zwiebeln darin anschwitzen lassen, das Gemüse, die Tomaten und die Gewürze dazugeben und alles gut durchrösten. Schafskäse in Würfel schneiden und untermischen.

# Gemüse-Reisnudelsuppe

*2 EL Olivenöl*
*50 g klein gewürfelter Hamburgerspeck*
*2 klein geschnittene Zwiebeln*
*90 g in Streifen geschnittene Karotten*
*100 g Porreeringe*
*100 g klein geschnittene Pilze (Eierschwammerln oder Herrenpilze)*
*1 l Gemüsefond*
*2 klein gehackte Knoblauchzehen*
*2 Lorbeerblätter*
*Rosmarin, Salz, Pfeffer*
*4 EL Sojasauce*
*20 g klein geschnittener Ingwer*
*1/2 Bund klein geschnittene Petersilie*
*80 g Reisnudeln*

**Zubereitung:** Öl erhitzen, Zwiebeln darin goldgelb rösten. Speck, Karotten, Porree und Pilze dazugeben, kurz mitrösten und mit Gemüsefond aufgießen. Gewürze, Knoblauch, Ingwer, Lorbeerblätter, Sojasauce und Petersilie dazugeben und weich dünsten. Reisnudeln in heißes Salzwasser geben, ca. 10 Minuten ziehen lassen. Die Reisnudeln mit der Gemüsesuppe servieren.

# Gemüse-Schwarzwurzelsuppe

*2 EL Sesamöl oder Olivenöl*
*50 g Porreeringe*
*60 g klein geschnittene Karotten*
*100 g gehackte Zwiebeln*
*100 g gehackte Fenchelknolle*
*200 g Kartoffeln*
*250 g Schwarzwurzeln*
*20 g kleine Suppennudeln*

*1 blanchierte, und gewürfelte Tomate*
*1/4 l Weißwein*
*3 EL Sojasauce*
*2 klein gehackte Knoblauchzehen*
*1 1/2 l Gemüsefond*
*10 g frischer, oder 1 Prise geriebener Ingwer*
*Salz, Pfeffer*
*Muskat, gemahlen*
*Petersilie*

**Zubereitung:** Öl in einem Topf erhitzen, Zwiebeln darin anschwitzen, Gemüse dazugeben, goldgelb anrösten und mit Gemüsefond und Wein aufgießen. Die Kartoffeln und die Nudeln untermischen, würzen und ca. 20 Minuten kochen. Schwarzwurzeln, Tomaten und die Sojasauce dazugeben, nochmals ca. 15 Minuten kochen lassen. Man kann die Suppe auch mit Crème fraîche verfeinern. 2 EL Crème fraîche mit 1 EL Wasser verrühren, in die Suppe einrühren und kurz aufkochen lassen.

Mit gestockten Eiern servieren.

# Brennnessel-Erbsencremesuppe

*300 g Erbsen*
*50 g Distelöl*
*50 g klein geschnittene Brennnesseln*
*1 klein gehackte Zwiebel*
*50 g weißes Maismehl oder Reismehl*
*Salz, Pfeffer, Muskat, gemahlen*
*2 klein gehackte Knoblauchzehen*
*1 l Gemüsefond*
*2 Stamperln Sahne*

*1 große, in Scheiben geschnittene Zwiebel*
*20 g Maismehl*
*Distelöl zum Backen*

**Zubereitung:** Öl in einem Topf erhitzen, Zwiebeln darin anschwitzen lassen. Mehl zugeben, anrösten, mit Gemüsefond aufgießen und mit einem Schneebesen gut verrühren. Erbsen, Brennnesseln, Knoblauch und die Gewürze dazugeben, ca. 15 Minuten kochen lassen. Sahne unterrühren und mit einem Passierstab schaumig pürieren. Mit gebackenen Zwiebelringen servieren.

Die Zwiebelringe mit Maismehl bestauben, in den schaumig geschlagenen Eiern wenden und im heißen Öl herausbacken.

# St. Andräer Gackersuppe

*350 g Hühnerfleisch*
*80 g Nussöl*
*50 g klein gehackte Zwiebeln*
*150 g klein gewürfelte Sellerieknolle*
*100 g klein geschnittener Lauch*
*50 g klein gewürfelte Petersilienwurzel*
*100 g Karotten*
*1 geviertelte Kartoffel*
*1 1/2 l Wasser*
*120 g Erbsen*
*1 Prise Salz, Pfeffer*
*Muskat, gemahlen*
*1 Ei*
*2 Stamperln Sahne*
*1 Bund klein gehackte Petersilie*
*1 Bund klein geschnittener Schnittlauch*

**Zubereitung:** Öl in einem Topf erhitzen, die Zwiebeln darin kurz anrösten, Suppengemüse dazugeben, goldgelb mitrösten und mit Wasser aufgießen. Das Hühnerfleisch mit den Gewürzen in die Suppe geben und ca. 30 Minuten kochen. Das Fleisch herausnehmen, ablösen und in mundgerechte Stücke schneiden. Die Suppe pürieren, die Erbsen, die Petersilie und das klein geschnittene Hühnerfleisch in die Suppe geben und 5 Minuten kochen. Das Ei mit der Sahne verrühren, mit dem Schneebesen in die Suppe einkochen, nochmals kurz aufkochen.

Mit Schnittlauch servieren.

# St. Ändräer Spargelsuppe

*400 g geschälter, gekochter Spargel*
*100 g klein gehackte Zwiebeln*
*2 EL weißes Maismehl*
*1 Stamperl Nussöl oder 1 EL Margarine*
*250 g Erbsen*
*1 l Spargelfond oder Gemüsefond*
*Thymian, Rosmarin*
*Salz, Pfeffer*

**Zubereitung:** Das Öl in einem Suppentopf erhitzen, die Zwiebeln darin goldgelb rösten, das Mehl dazugeben und kurz mitrösten. Mit Spargelfond oder Gemüsefond aufgießen, aufkochen lassen, die Gewürze und die Erbsen einrühren, weich kochen und pürieren. Den gekochten und in Stücke geschnittenen Spargel in die Suppe geben, aufkochen lassen, Sahne dazugeben und nicht mehr kochen.

Mit Kräuter-Kartoffelsterz servieren.

# St. Georgener Apfelsuppe

*300 g geschälte, gewürfelte Äpfel*
*3/8 l Gemüsefond*
*1/8 l Weißwein*
*Schale von 1 Zitrone*
*20 g Zucker*
*2 Gewürznelken*
*Zimt*
*Salz, Pfeffer*
*1/2 EL Maismehl*
*3 Stamperln Sahne*

**Zubereitung:** Gemüsefond mit Wein aufkochen, die Äpfel dazugeben, mit Zucker, Zitronenschale und Gewürzen weich kochen und passieren. Maismehl mit der Sahne gut verrühren, in die Suppe einkochen und kurz aufkochen lassen.

Mit Topfennockerln servieren.

# Wolfsberger Herbstsuppe

*2 EL Butter oder Weinöl*
*1 klein geschnittene Zwiebel*
*20 g weißes Maismehl*
*1 1/2 l Hühnerfond*
*100 g geschälter, entkernter, gewürfelter Kürbis*
*100 g gewürfelte, entkernte, gelbe Zucchini*
*50 g klein geschnittene Karotten*
*1 geschälte, würfelig geschnittene Kartoffel*
*Salz, Pfeffer*
*Kümmel, gemahlen*
*10 g klein gehackte, braune Minze*
*1/8 l Schlagobers*
*3 EL Crème fraîche*

**Zubereitung:** Butter erhitzen, Zwiebeln darin anschwitzen lassen, Maismehl dazugeben, anrösten und mit Hühnerfond aufgießen. Gewürze, Minze und das Gemüse dazugeben und weich kochen. Mit dem Passierstab fein passieren. Sahne mit Crème fraîche mischen und in die Herbstsuppe einrühren.

Mit steifgeschlagenem Schlagobers, einem Schuss Kürbiskernöl und klein gehackten Walnüssen servieren.

# Maisgrießnockerln mit Hamburgerspeck

*600 g weißer Maisgrieß*
*30 g klein geschnittener Hamburgerspeck*
*20 g klein gehackte Zwiebeln*
*Salz, Pfeffer*
*Muskat, gemahlen*
*1/2 Bund klein gehackte Petersilie*
*1/8 l Sahne*
*1 Ei*

**Zubereitung:** Speck und Zwiebeln in eine Pfanne geben und goldgelb rösten, den Maisgrieß dazugeben und anrösten (linden). Sahne, Gewürze und die Petersilie zum Maisgrieß geben, gut durchrühren und dünsten lassen. Die Masse auskühlen, das Ei einrühren und glatt rühren. Mit einem Kaffeelöffel kleine Nockerln formen, in die heiße Suppe einkochen, 10 bis 15 Minuten ziehen lassen.

# Topfennockerln

*100 g Butter oder Margarine*
*200 g Topfen*
*2 Eier*
*1 EL Maismehl oder Heidenmehl*
*120 g grober, weißer Maisgrieß*
*Salz, Pfeffer*
*1 Prise Muskat, gemahlen*
*1/2 Bund klein gehackte Petersilie*

**Zubereitung:** Butter, Gewürze, Petersilie, Ei und Topfen schaumig rühren, Maisgrieß und Mehl untermischen und ca. 15 Minuten rasten lassen. Mit einem kleinen Löffel Nockerln ausstechen und in kochendes Salzwasser oder in die Suppe einkochen. Die Nockerln aufkochen und ca. 15 Minuten ziehen lassen.

# HAUPTSPEISEN

# Großmutters Topfenreinkerln

*500 g trockener Topfen*
*3 Eier*
*Maismehl nach Bedarf*
*Salz*
*1 Bund klein geschnittener Schnittlauch*

**Zubereitung:** Alle Zutaten zu einem festen Teig verkneten. Laibchen formen und im heißen Olivenöl oder Sojaöl goldgelb herausbraten.

Mit Salat servieren.

# Gefüllte Germröllchen

*5 Eier, Salz*
*150 g weißes Maismehl*
*1/2 l lauwarme Milch*
*1/2 P Trockenhefe*

***Dampferl:***
*25 g Germ*
*2 Stamperln lauwarme Milch*
*1/2 TL Zucker*
*1 Prise Maismehl zum Stauben*

*1 Stamperl Sojaöl*
*1 klein geschnittene Zwiebel*
*300 g Faschiertes*
*3 klein gehackte Knoblauch zehen*
*Majoran, Thymian*
*Salz, Pfeffer*

**Zubereitung:** Öl in einer Pfanne erhitzen, die Zwiebeln darin goldgelb anrösten. Faschiertes, Knoblauch und Gewürze dazugeben und gut durchrösten.

Milch, Salz und Mehl verrühren, Eidotter und Trockenhefe (oder das Dampferl) unterrühren. Das Eiklar zu steifem Schnee schlagen und unter die Masse heben. Den Teig lässt man an einem warmen Ort aufgehen. In einer Pfanne die Butter erhitzen, einen Schöpfer Teig hineingeben, goldgelb backen und wenden. Die Hefepalatschinken mit der Faschiertenmasse füllen und zusammenrollen. Eine Auflaufform gut befetten, die gefüllten Rollen hineinlegen, mit Béchamelsauce übergießen und im vorgeheizten Backrohr bei 180°C ca. 25 Minuten backen.

**Dampferl:** Milch, Germ, Zucker und Maismehl verrühren und an einem warmen Platz stehen lassen, bis das Dampferl aufgegangen ist.

# Truthahn-Medaillons
## in Burgunderweinsauce

*4 Truthahnmedaillons*
*100 g klein gewürfelter Speck*
*1 klein gehackte Zwiebel*
*1 klein gewürfelte Karotte*
*250 g klein geschnittene Champignons*
*3 klein gehackte Knoblauchzehen*
*3 EL Olivenöl*
*2 EL Maismehl*
*1/2 Stamperl Cognac*
*1/4 l Rotwein (Burgunder)*
*2 EL Tomatenmark*
*1 Stamperl Wasser*
*Thymian*
*1 Lorbeerblatt*
*1 TL Salz*

**Zubereitung:** Truthahnmedaillons salzen, in Mehl wenden, und im erhitzten Olivenöl goldbraun anbraten. Mit Cognac aufgießen, anzünden und ausbrennen lassen. Truthahnmedaillons herausnehmen, warmstellen. Zwiebeln, Karotten, Knoblauch und Speckwürfel in die Pfanne geben und anrösten. Die klein geschnittenen Champignons unterrühren, durchrösten, mit Rotwein und Wasser aufgießen. Zum Schluss das Tomatenmark, die Gewürze und die Medaillons hineingeben und ca. 15 Minuten leicht köcheln lassen.

# Gefüllte Maisknödel
## mit Pilzen

*750 g gekochte, passierte Kartoffeln*
*1 Ei*
*1 Prise Salz*
*240 g weißes Maismehl*

***Fülle:***
*360 g Schwammerln (nach Saison)*
*250 g klein gehackte Zwiebeln*
*4 EL Maisöl oder Sojaöl*
*100 g klein gewürfelter Hamburgerspeck*
*Majoran*
*Salz, Pfeffer*

**Zubereitung:** Kartoffeln auskühlen lassen, das Mehl dazugeben und das Ei und Salz unterkneten. Kleinere Knödel formen, flach drücken, mit einem Löffel die Fülle draufgeben und wieder Knödel formen. Diese in heißes Salzwasser einkochen und ca. 15 Minuten leicht kochen lassen.

**Fülle:** Öl erhitzen, Zwiebeln darin anrösten, Bauchspeck dazugeben. Mit Majoran, Salz und Pfeffer würzen, die zerkleinerten Schwammerln untermischen und alles ca. 5 bis 10 Minuten dünsten lassen.

# Kartoffel-Maisschnitten

*150 g Butter oder Margarine*
*4 Eier*
*350 g gekochte, passierte Kartoffeln*
*Muskat, gemahlen*
*1 Prise Salz*
*150 g weißes Maismehl*

**Zubereitung:** Margarine mit den Dottern und den Gewürzen verrühren. Die passierten, ausgekühlten Kartoffeln dazugeben, das Maismehl einrühren und zuletzt den Eischnee unterheben. Serviette mit Öl oder Margarine gut bepinseln, die Masse draufgeben, mit der Serviette zu einer Rolle formen und diese an den Enden zubinden. Anschließend in kochendes Salzwasser geben und ca. 45 Minuten leicht kochen lassen. Die gekochte Masse in Schnitten schneiden, in heißer Butter anbraten und mit Salat servieren.

Die Schnitten können zu den verschiedensten Fleischgerichten serviert werden.

# Italienische Maislaibchen

*400 g Faschiertes*
*1 Ei*
*20 g klein gehackte Zwiebeln*
*3 EL Olivenöl*
*2 klein gehackte Knoblauchzehen*
*Majoran, Thymian, Rosmarin*
*Salz, Pfeffer*
*1 Bund klein gehackte Petersilie*
*100 g gelber Maisgrieß*
*10 g weißes, feines Maismehl*
*2 EL Maiskeimöl*
*150 g klein geschnittener Fenchel*
*100 g klein gehackte Zwiebeln*
*200 g klein gewürfelte gelbe, grüne und rote Paprika*
*2 EL Tomatenmark*
*5 blanchierte, klein geschnittene Tomaten*
*1 EL Paprikapulver*
*2 klein gehackte Knoblauchzehen*
*ca. 1/2 l Gemüsefond*
*Thymian, Rosmarin*
*3 EL Maiskörner*
*1 EL Maismehl*
*3 EL kaltes Wasser*

**Zubereitung:** Zwiebel rösten und zum faschierten Fleisch geben. Ei, Maisgrieß, Maismehl, Petersilie und die Gewürze einarbeiten und gut durchkneten. Faschierte Laibchen formen, kurz in Öl anbraten und auf einen Teller geben. Fenchel und Zwiebeln im heißen Öl kurz durchrösten, Tomatenmark, Paprikapulver sowie Knoblauch dazugeben, mit Gemüsefond aufgießen. Paprika, Maiskörner, Tomaten und die Gewürze unterrühren, die Laibchen in die Gemüsepfanne geben und ca. 35 Minuten ziehen lassen. Maismehl mit Wasser vermischen, in die Sauce einrühren, kurz aufkochen lassen und servieren.

# Kärntnernudeln
## mit Mais-Topfenfüllung

*200 g weißes Maismehl*
*200 g Heidenmehl*
*4 Eier*
*Salz*
*1 Stamperl Sojaöl*

*Mehl, Eier, Salz mit dem Wasser vermischen, gut durchkneten, zu einem Nudelteig verarbeiten. 20 Minuten rasten lassen.*

*Teig ist für alle gefüllten Nudeln zu verwenden, auch für Suppennudeln und andere Nudelsorten.*

***Fülle für Kärntnernudeln:***
*250 g Maisgrieß*
*1 1/2 T Wasser*
*Salz*
*200 g Topfen*
*40 g braune Minze*
*klein gehackter Kerbel und Schnittlauch*
*50 g Röstzwiebel*
*1 Prise Salz*

**Zubereitung:** Den Maisgrieß linden, mit kaltem, gesalzenem Wasser aufgießen und 10 Minuten auf kleiner Flamme dünsten lassen. Auskühlen. Topfen, Minze, Kerbel, Salz und Schnittlauch sowie den Röstzwiebel in die Maismasse geben und gut durchrühren. Aus der Masse kleine Kugeln formen, diese auf den ausgewalkten Teig setzen, den Teig darüberschlagen und mit einer runden Form ausstechen. Die Nudeln in siedendes Salzwasser einkochen und ca. 15 bis 20 Minuten ziehen lassen.

Mit heißer Butter, Grammelschmalz oder Soja-Zwiebelschmalz servieren.

# Maisschnitte mit Pilzfülle

*1 l Gemüsefond*
*200 g grober, weißer Maisgrieß*
*100 g feiner, weißer Maisgrieß*
*80 g Schafskäse*
*2 EL Margarine oder Butter*
*Salz*

*3 EL Margarine oder Butter*
*2 klein gehackte Zwiebeln*
*1 Bund klein geschnittene Petersilie*
*240 g Pilze (Eierschwammerln)*
*Salz, Pfeffer*
*Muskat, gemahlen*
*Majoran, Thymian*
*150 g Schmelzkäse*
*Béchamelsauce*

**Zubereitung:** Maisgrieß in einem Topf rösten, mit Gemüsefond aufgießen, Salz, Muskat dazugeben, umrühren und ca. 20 Minuten dünsten. Schafskäse zerkleinern und untermischen. Eine Auflaufform mit Margarine ausstreichen, den halben Maisgrießbrei hineingeben und glatt streichen. Die restliche Masse in eine zweite Auflaufform geben und ebenfalls glatt streichen. Beide Massen im vorgeheizten Backrohr bei 180°C 25 Minuten backen, auskühlen lassen.

Die Pilzfülle auf einen ausgekühlten Maisboden streichen, den zweiten draufgeben und die Béchamelsauce darübergießen. Nochmals ins vorgeheizte Backrohr schieben und bei 180°C 20 Minuten fertig backen.

**Pilzfülle:** Butter in einer Pfanne erhitzen, Zwiebeln darin goldgelb rösten, die Pilze und die Gewürze dazugeben, ca. 5 Minuten weiterrösten. Petersilie, Käse und die Gewürze untermischen, nochmals 5 Minuten leicht köcheln lassen.

# Kartoffel-Schwarzwurzellaibchen

*500 g gekochte, passierte Kartoffeln*
*150 g gekochte, klein geschnittene Schwarzwurzeln*
*2 Eier*
*ca. 200 g Maismehl*
*Salz, Muskat, gemahlen*
*1 Bund klein gehackte Petersilie*
*Maismehl und Eier zum Panieren*

**Zubereitung:** Kartoffeln in eine Schüssel geben, Schwarzwurzeln, Eier, Gewürze, Petersilie und das Mehl dazugeben, gut durchkneten. Aus der Masse kleine runde Laibchen formen, in Maismehl wenden, durch die aufgeschlagenen Eier ziehen und im heißen Öl herausbraten.

# Kartoffeleintopf

*2 EL Sonnenblumenöl oder Sojaöl*
*150 g klein geschnittene Zwiebeln*
*800 g rohe, würfelig geschnittene Kartoffeln*
*3 TL edelsüßes Paprikapulver*
*Salz, Pfeffer*
*Kümmel*
*100 g würfelig geschnittene grüne Paprika*
*100 g Maiskörner*
*2 klein gewürfelte Karotten*
*2 blanchierte, geschälte und in Würfel geschnittene Tomaten*
*1 l Gemüsefond*
*3 EL weißes Maismehl*
*1/2 T kaltes Wasser*
*1 Schuss Essig*
*2 in Scheiben geschnittene Debreziner*

**Zubereitung:** Öl erhitzen, Zwiebeln darin anrösten, Paprikapulver einrühren, mit Essig ablöschen und mit Gemüsefond aufgießen. Das klein würfelig geschnittene Gemüse, Salz, Pfeffer, Kümmel und die Debreziner dazugeben. Maiskörner einrühren und alles 1/2 Stunde kochen lassen. Wasser mit Maismehl vermischen, in den Eintopf einrühren, aufkochen lassen und servieren.

# Mais-Champignonlaibchen

*50 g Gemüsefond*
*25 g Maisgrieß*
*1 klein gehackte Zwiebel*
*250 g klein geschnittene Champignons*
*Salz, Pfeffer, Majoran*
*2 gehackte Knoblauchzehen*
*1 TL Paprikapulver*
*1 Ei*
*1 TL weißes Maismehl*
*1/2 Bund klein gehackte Petersilie*
*3 EL Maiskeimöl*
*Maiskeimöl zum Braten*

**Zubereitung:** Öl erhitzen, Zwiebeln und Champignons hineingeben und goldgelb rösten. Den Maisgrieß dazugeben, kurz anrösten, mit Gemüsefond aufgießen und ca. 5 Minuten dünsten. Die Gewürze sowie den Knoblauch zur Maismasse geben, durchrühren und weitere 5 Minuten dünsten. Auskühlen lassen. Das Ei, das Maismehl und die Petersilie unter die Masse mischen und alles gut vermengen. Flache Laibchen formen und im heißen Öl braten.

Dazu reicht man eine Topfen-Jogurt-Sauce.

# Waldpizza

*1 1/2 Stamperln Olivenöl*
*30 g klein geschnittener Hamburgerspeck*
*80 g klein gehackte Zwiebeln*
*250 g geputzte und geschnittene Schwammerln (nach Saison)*
*ca. 100 g gekochter, in dünne Scheiben geschnittener Schinken*
*100 g Porreeringe*
*200 g Käsescheiben*
*Oregano*

**Zubereitung:** Olivenöl erhitzen, Hamburgerspeck und Zwiebeln darin anrösten, die Schwammerln dazugeben und alles ca. 6 Minuten durchrösten. Den Pizzaboden (Rezept Seite 95) mit Tomatensauce bestreichen, den Schinken und die Schwammerlmasse darauf verteilen, Porreeringe draufgeben und mit Käse und Oregano bestreuen. Die Waldpizza in das vorgeheizte Backrohr geben und bei 200°C ca. 30 Minuten backen.

Menge reicht für ca. 4 Pizzaböden.

# Maisrahm-Serviettenschnitten

*100 g weißer Maisgrieß*
*2 Eier*
*300 g Sauerrahm oder Buttermilch*
*Salz, Muskat, gemahlen*
*1 TL Butter oder Olivenöl*

**Zubereitung:** Butter, Eier, Sauerrahm, Salz und Muskat gut schaumig rühren und den Maisgrieß in die Masse einarbeiten. Eine gut eingeölte Serviette in eine Rehrückenform legen, die Ränder müssen über die Form hinaushängen. Die Maisgrießmasse einfüllen, die Serviette gut, aber nicht zu fest zubinden, da die Masse anwächst. Die gefüllte Serviette in kochendes Salzwasser legen. Die Enden der Serviette an den Griffen des Topfes gut befestigen, damit kein Wasser eindringen kann. Ca. 30 Minuten ziehen lassen, dann Servietteninhalt in Scheiben schneiden.

Maisrahmschnitten eignen sich sehr gut als Beilage zu Fleischgerichten. Man kann die Schnitten aber auch in Fett oder Butter anbraten und mit Salat servieren.

# Topfenknödel

*1/8 l Milch*
*30 g Butter*
*80 g Maisgrieß*
*80 g Topfen*
*1 Ei*
*Salz, Muskat, gemahlen*
*2 EL weißes Maismehl*

**Zubereitung:** Milch mit Butter aufkochen, Gewürze dazugeben und den Maisgrieß unter ständigem Rühren einrühren. Abkühlen lassen. Mehl, Topfen und das Ei in die Masse einarbeiten. Kleine Knödel formen und im heißen Salzwasser ca. 10 Minuten ziehen lassen.

Mit heißer Butter servieren.

# Maisschupfnudel

*250 g gekochte, passierte Kartoffeln*
*100 g weißes Maismehl*
*50 g Maisgrieß*
*2 EL Butter*
*1 Ei*
*Salz*
*Butter oder Margarine*

**Zubereitung:** Mehl, Maisgrieß, Salz und das Ei mit den ausgekühlten Kartoffeln vermischen und gut durchkneten. Teig auf ein bestaubtes Nudelbrett geben, eine dicke Rolle machen und diese in kleine Stücke schneiden. Mit den Handflächen kleinere Röllchen formen, in kochendes Salzwasser einkochen, 3 Minuten ziehen lassen. Abseihen und Schupfnudeln im heißen Butterschmalz schwenken. Nach Belieben mit Mohn und Zucker bestreuen und mit Kompott servieren.

NACHSPEISEN UND TORTEN

# Gebackene Mäuse

*200 g Maismehl*
*200 g Heidenmehl*
*Salz*
*ca. 1/4 l lauwarme Milch*
*50 g Zucker*
*3 Dotter*
*1 P Trockenhefe*
*3 Eidotter*
*1 Stamperl Rum*
*30 g Rosinen*
*40 g Zucker zum Bestreuen*

**Zubereitung:** Salz mit Mehl mischen, Trockenhefe und Rosinen dazugeben. Rum, Zucker und Dotter schaumig schlagen und zum Mehl geben. Die Milch unterrühren und einen weicheren Teig herstellen. Ca. 1 Stunde an einem warmen Ort aufgehen lassen. In einer Pfanne Öl erhitzen, mit einem Löffel kleinere Stücke vom Teig abstechen und herausbacken. Die Mäuse noch heiß mit Staubzucker bestreuen und servieren.

# Gefüllte Quitten-Germtascherln

*150 g Reismehl*
*150 g weißes Maismehl*
*Salz*
*1/2 l lauwarme Milch*
*50 g Zucker*
*4 Dotter*
*1 P Trockenhefe*
*3 Eier*
*120 g Sojaöl oder Butter*
*100 g Marmelade*
*40 g Zucker*

**Zubereitung:** Das Mehl salzen, Trockenhefe (oder das Dampferl) untermischen. Zucker und Eier in die lauwarme Milch einrühren, zum Mehl geben, gut unterrühren und durchkneten. Ca. 1/2 Stunde an einem warmen Ort gehen lassen. Das Nudelbrett gut mit Mehl bestauben, den Teig darauf auswalken und mit einer runden Form Kreise ausstechen, ca. 15 Minuten rasten lassen. Das Öl erhitzen und die Teigradeln herausbacken. Auskühlen lassen, ein Radel mit Quittenmarmelade bestreichen, das zweite draufsetzen und mit Staubzucker bestreuen.

**Dampferl:** 20 g Germ, 1/2 KL Zucker und etwas Mehl in 3 EL lauwarme Milch einrühren und an einem warmen Platz aufgehen lassen.

# Maisauflauf mit Äpfeln

*2 T gelber Maisgrieß*
*1/2 EL weißes Maismehl oder Maisstärke*
*Salz*
*2 T Milch*
*1/4 l Sahne*
*3 Eier*
*60 g Zucker*
*1 Vanillezucker*
*500 g geschälte, entkernte und dünn geschnittene Äpfel*
*Zimt*
*50 g Zucker*
*80 g Rosinen*

**Zubereitung:** Milch und Sahne in eine Schüssel geben, Salz, Maisgrieß und Maismehl einrühren und durchrühren. Zucker, Eier und Vanillezucker schaumig schlagen und unter die Maismasse heben. Eine Backform mit Butter bestreichen, die Hälfte des Teiges hineingießen und die mit Zimt, Zucker und Rosinen vermischten Äpfel draufgeben. Die restliche Maismasse darüberstreichen und im vorgeheizten Backrohr ca. 30 Minuten bei 180°C backen. Mit Staubzucker bestreuen und servieren.

# Süße Pizzaschnitten mit Erdbeereis

*6 EL Zucker*
*6 Eier*
*2 1/2 EL weißes Maismehl*
*4 EL Maisgrieß*
*50 g geriebene Nüsse*
*1 Vanillezucker*
*1 Prise Backpulver*
*200 g Erdbeeren*
*5 EL Erdbeermarmelade*
*3 EL Orangenlikör*

**Zubereitung:** Die ganzen Eier mit Zucker und Vanillezucker schaumig schlagen. Maisgrieß, Maismehl, Nüsse und Backpulver unter die Eiermasse heben. Ein Backblech mit Butter einfetten, mit Maismehl bestauben und die Masse draufstreichen. Im vorgeheizten Backofen bei 180°C ca. 30 Minuten backen. Auskühlen lassen, in Schnitten schneiden. Erdbeermarmelade mit Orangenlikör mischen und auf die Maisschnitten streichen. Eine Kugel Erdbeereis draufgeben, mit Erdbeeren belegen und mit Schlag verzieren.

# Erdbeereis

*500 g gewaschene, pürierte Erdbeeren*
*4 EL Zucker*
*1/2 l Sahne*

**Zubereitung:** Sahne steifschlagen, Erdbeeren und Zucker unterheben. Masse in eine Schüssel füllen und in die Kühltruhe geben. Ca. 3 Stunden im Tiefkühlfach gefrieren lassen.

# Süßes Kartoffelbrot

*500 g weißes Maismehl*
*500 g Reismehl*
*Salz*
*3/8 l Milch*
*2 P Trockenhefe*
*550 g gekochte und passierte Kartoffeln*
*Weinbeeren nach Belieben*
*70 g Zucker*
*2 Eier*
*70 g Butter oder Fett*
*1 Ei zum Bestreichen*

**Zubereitung:** Mehl, Salz, Milch und Trockenhefe (oder das Dampferl) werden zu einem Teig verarbeitet, den man gut abschlägt. Die Kartoffeln und die Weinbeeren dazugeben und gut durchkneten. Die Eier mit Zucker schaumig schlagen und mit der zerlassenen Butter langsam in den Teig einkneten. An einem warmen Ort ca. 1/2 Stunde rasten lassen. Aus dem Teig Laibchen formen, auf ein mit Butter bestrichenes und mit Mehl bestaubtes Backblech geben und ca. 30 Minuten rasten lassen. Dann die Laibchen mit dem aufgeschlagenen Ei bestreichen und im vorgeheizten Backrohr ca. 30 Minuten backen.

***Gärprobe (Dampferl):***
*3 EL lauwarme Milch*
*1 Prise Zucker*
*1 Prise Maismehl*
*40 g Hefe*

**Zubereitung:** Zucker und Mehl in die Milch geben, gut verrühren, die Germ darin auflösen und zugedeckt an einem warmen Ort gehen lassen.

# Bohnentorte

*350 g Zucker*
*1 Vanillezucker*
*4 Eier*
*2 EL weißer, feiner Maisgrieß*
*70 g geriebene Mandeln*
*350 g weich gekochte, passierte Bohnen*
*1 Prise Backpulver*

*Quittenmarmelade und Schlagobers zum Füllen*
*Schokoladeglasur*

**Zubereitung:** Dotter, Zucker und Vanillezucker schaumig schlagen, Mandeln, Bohnen, Maisgrieß und das Backpulver einrühren, das steifgeschlagene Eiklar unterheben. Eine Tortenform gut mit Butter einfetten, mit Mehl bestauben, die Masse einfüllen und im vorgeheizten Backrohr bei 180°C ca. 35 Minuten backen. Auskühlen lassen, einmal durchschneiden, mit Quittenmarmelade und steif geschlagenem Schlagobers füllen. Die Torte mit heißer Quittenmarmelade bestreichen und mit Schokoladeglasur übergießen.

# Kartoffelomelette

*1000 g gekochte, passierte Kartoffeln*
*40 g Butter oder Margarine*
*2 Eier*
*280 g weißes Maismehl*
*Salz*
*1 EL Marillenmarmelade*

**Zubereitung:** Mehl, Eier und Salz zu den Kartoffeln geben, gut durchmischen. Die erwärmte Butter in den Kartoffelteig einkneten, kleinere Knödel formen. Die Knödel rund auswalken und in heißem Öl oder heißer Butter herausbacken. Mit Marmelade bestreichen, zusammenklappen, mit Zucker bestreuen und servieren.

# Haselnuss-Maistorte

*6 EL weißes Maismehl*
*80 g geriebene Haselnüsse*
*150 g Honig*
*6 Eier*
*1 Prise Salz*
*1 Vanillezucker*
*1 TL Butter*
*1 Prise Backpulver*

***Creme:***
*1/2 l Milch*
*40 g Maisstärke*
*5 EL Waldhonig*
*5 EL Pfirsichmarmelade*
*250 g Butter*
*1/4 l Schlagobers*
*2 EL Cointreau*

*1/4 l Schlagobers und Pfirsichspalten zum Verzieren*

**Zubereitung:** Honig mit Vanillezucker und Eigelb schaumig rühren. Eiweiß mit Salz steifschlagen. Haselnüsse, Maismehl sowie das Backpulver in die Eigelbmasse einrühren und den steifgeschlagenen Eischnee unterheben. Eine Tortenform mit Butter bestreichen, mit Mehl bestauben, die Masse einfüllen und im vorgeheizten Backrohr bei 180°C ca. 30 Minuten backen. Die ausgekühlte Torte zweimal durchschneiden, mit Creme füllen und mit Schlagobers und Pfirsichspalten verzieren.

**Creme:** Milch mit Cointreau aufkochen und den Waldhonig einrühren. 3 EL kalte Milch mit der Maisstärke verrühren und in die Honigmilch einkochen. Kurz aufkochen lassen, dann auskühlen, dabei immer wieder umrühren. Butter schaumig schlagen, Pfirsichmarmelade löffelweise dazugeben und den ausgekühlten Pudding unterheben. Die steifgeschlagene Sahne vorsichtig unter die Masse ziehen.

# Gemmersdorfer Apfel-Maistorte

*6 Eier*
*6 EL Staubzucker*
*4 EL Maisgrieß*
*2 1/2 EL Maismehl*
*50 g geriebene Nüsse*
*1 P Vanillezucker*
*1 Prise Backpulver*

***Apfelfülle:***
*150 g geschälte, entkernte, geviertelte Äpfel*
*1/8 l Apfelsaft*
*80 g Kristallzucker*
*1 Stamperl Weinbrand*
*Saft von 1/2 Zitrone*

***Creme:***
*500 g Topfen*
*1 P Vanillezucker*
*Schale von 1/2 ungespritzter Zitrone*
*80 g Staubzucker*
*5 Blatt Gelatine*
*1/4 l Schlagobers*

*1/8 l Schlagobers und 1 P Sahnesteif zum Verzieren*

**Zubereitung:** Die ganzen Eier mit Vanillezucker schaumig schlagen, Maisgrieß, Maismehl, die Nüsse und das Backpulver unterheben. Eine Tortenform mit Butter gut einfetten, mit Mehl bestäuben, die Masse hineingeben und im vorgeheizten Backrohr bei 180°C ca. 25 Minuten backen. In der Form auskühlen lassen, herausnehmen und einmal durchschneiden. Eine Hälfte in die Springform zurückgeben, mit Quittenmarmelade bestreichen, die Apfelspalten darauf verteilen, die Topfencreme glatt darüberstreichen.

Die zweite Tortenhälfte drauflegen, die restliche Creme glatt aufstreichen. Die Torte im Kühlschrank ca. 6 Stunden kaltstellen. Schlagobers mit Sahnesteif steif schlagen, die Torte aus der Form nehmen und die Oberfläche und den Rand mit Schlagobers bestreichen. Mit den restlichen Apfelstückchen verzieren.

**Apfelfülle:** Apfelsaft mit Kristallzucker, Weinbrand und Zitronensaft aufkochen lassen, die Apfelspalten dazugeben und ca. 5 Minuten kernig kochen. Abseihen, Apfelsud für die Creme beiseitestellen, Apfelspalten auskühlen lassen.

**Creme:** Topfen mit Vanillezucker, Staubzucker und Zitronenschale glatt rühren, ausgekühlten Apfelsud nach und nach unter die Topfencreme rühren. Die Gelatine in 2 EL kaltem Wasser aufweichen, herausnehmen, ausdrücken, in 2 EL heißem Wasser auflösen und zügig in die Topfenmasse einrühren. Schlagobers steifschlagen und unterheben.

# Karottentorte

*5 Eier*
*300 g Staubzucker*
*300 g fein gehobelte Karotten*
*200 g geriebene Walnüsse*
*1 Vanillezucker*
*1 Prise Backpulver*
*4 EL Maisgrieß*
*4 EL weißes Maismehl*
*5 EL lauwarmes Wasser*
*2 EL Rum*

**Zubereitung:** Eidotter, Zucker, Vanillezucker und Wasser gut schaumig schlagen, Karotten, Nüsse, Rum, Maisgrieß und Maismehl dazugeben und gut durchrühren. Eiweiß zu steifem Schnee schlagen und unter die Masse heben. Eine Tortenform mit Butterpapier auslegen, die Masse einfüllen und im vorgeheizten Backrohr bei 180°C ca. 25 Minuten backen.

Man kann diese Torte auch mit Zitronenglasur glasieren, oder aber einfach mit Staubzucker bestreuen.

# Pfirsich-Topfentorte

*4 Eier*
*4 EL Zucker*
*4 EL weißes Maismehl*
*1 Vanillezucker*
*1 Prise Backpulver*

**Fülle:**
*500 g Topfen*
*10 Blatt Gelatine*
*3 Dotter*
*150 g Zucker*
*1/4 l heiße Milch*
*1/2 l Schlagobers*
*1 Vanillezucker*
*3 EL Pfirsichmarmelade*
*1 Dose Pfirsichspalten*
*1/4 l Schlagobers*

**Zubereitung:** Eier, Zucker und Vanillezucker schaumig schlagen. Maismehl mit Backpulver mischen und unter die Masse heben. Eine Tortenform mit Butter ausstreichen, mit Maismehl bestauben, die Masse einfüllen und im vorgeheizten Backrohr bei 180°C ca. 30 Minuten backen. Auskühlen lassen, die Torte einmal durchschneiden und beide Teile mit Pfirsichmarmelade bestreichen. Eine Tortenhälfte zurück in die Form geben, die Hälfte der Fülle draufstreichen und mit Pfirsichspalten belegen. Nun die zweite Tortenhälfte draufgeben, nochmals mit Pfirsichmarmelade bestreichen, die restliche Fülle darauf verteilen und im Kühlschrank ca. 8 Stunden kaltstellen. Aus der Tortenform herausschneiden und mit geschlagenem Schlagobers verzieren.

**Fülle:** Topfen, Zucker, Eier und Pfirsichmarmelade schaumig rühren. Gelatine in kaltem Wasser einweichen, ausdrücken und in der erwärmten Milch auflösen (sie muss ganz zergehen). Die Milch in die Topfenmasse einrühren und die steifgeschlagene Sahne unterheben.

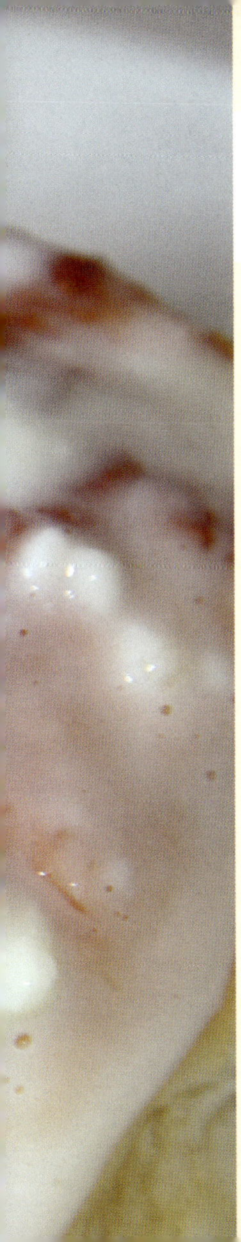

# Topfenbuchteln

*200 g Maismehl*
*200 g Heidenmehl oder Reismehl*
*Salz*
*ca. 1/8 l Milch*
*1 Vanillezucker*
*2 Stamperln Rum*
*2 Dotter*
*50 g Zucker*
*50 g Butter*
*1 P Trockenhefe*

***Fülle:***
*100 g Butter oder Margarine*
*100 g Zucker*
*1 Vanillezucker*
*2 Eier*
*350 g Topfen*
*2 Stamperln Sahne*
*50 g Weinbeeren (Rosinen)*
*1 EL Maisgrieß*

**Zubereitung:** Das Mehl mit Salz und Trockenhefe mischen. Dotter, Zucker und Vanillezucker schaumig rühren. In die lauwarme Milch die erwärmte Butter und den Rum einrühren und mit der Dottermasse zum Mehl geben, gut unterrühren und durchkneten. An einem warmen Ort ca. 30 Minuten gehen lassen. Den Teig auf ein bestaubtes Nudelbrett geben, auswalken und in rechteckige Stücke schneiden. Die Fülle mit einem Esslöffel draufgeben, Buchteln formen und in eine mit Butter bestrichene Form geben. Im vorgeheizten Backrohr bei 180°C ca. 30 Minuten backen.

Mit Holundersauce servieren.

**Fülle:** Zucker, Butter, Vanillezucker und Dotter schaumig schlagen, Topfen, Rosinen und Mehl dazugeben und gut durchrühren. Das steifgeschlagene Eiklar leicht unter die Masse heben.

# Tiramisu mit Maismehl

*8 Eier*
*8 EL Staubzucker*
*8 EL weißes Maismehl*
*1 Vanillezucker*
*1 Prise Backpulver*

***Fülle:***
*5 Eier*
*6 EL Zucker*
*1 Vanillezucker*
*3/4 l Mascarpone*
*3/4 l Sahne*
*1 Stamperl Kirschschnaps*
*ca. 1/4 l schwarzer Kaffee*
*1/8 l Sahne*

**Zubereitung:** Eier, Zucker und Vanillezucker sehr schaumig schlagen. Backpulver mit dem Maismehl mischen und in die Masse einrühren. Zwei Tortenformen mit Butter ausstreichen, mit Maismehl bestauben und jeweils die Hälfte des Teiges einfüllen. Im vorgeheizten Backrohr bei 180°C ca. 30 Minuten backen. Die Torten auskühlen lassen und beide einmal durchschneiden.

Den schwarzen Kaffee mit Kirschschnaps verrühren und auf den durchgeschnittenen Tortenhälften verteilen. Eine Tortenhälfte zurück in die Form geben und einen Schöpfer Fülle draufstreichen. Diesen Vorgang bis zur letzten Tortenhälfte wiederholen. Zum Schluss die restliche Creme auf die Torte geben und im Kühlschrank ca. 6 Stunden kaltstellen. Aus der Form nehmen, mit steifgeschlagener Sahne verzieren und mit Kakao bestauben.

**Fülle:** Dotter, Zucker, Vanillezucker und Mascarpone schaumig rühren. Die steifgeschlagene Sahne unterziehen und das zu festem Schnee geschlagene Eiklar leicht unterheben.

# Nusswuchteln

*300 g Maismehl*
*300 g Heidenmehl*
*1 1/2 P Trockenhefe*
*70 g Zucker, 4 Eidotter*
*1 EL Butter*
*ca. 1/2 l lauwarme Milch, Salz*
*1 Vanillezucker*
*1 Stamperl Schlagobers*
***Für die Auflaufform:***
*1/4 l Milch*
*3 EL Zucker*
*1 EL Butter oder Margarine*
*Zimt und Zucker zum Bestreuen*

***Fülle:***
*1/8 l Milch, 1/2 Stamperl Rum*
*300 g geriebene Nüsse, 120 g Zucker*
*60 g Butter*

**Zubereitung:** Die Milch mit Zucker, Butter und Rum aufkochen, die Nüsse in die Milch einrühren und ausdünsten lassen.

Eidotter, Zucker, Vanillezucker, Schlagobers und Butter in die lauwarme Milch geben, gut durchrühren. Maismehl mit Heidenmehl und Trockenhefe mischen (oder das Dampferl dazugeben), salzen, die Milchmasse unterrühren und gut durchkneten. Den Teig ca. 30 Minuten an einem warmen Ort aufgehen lassen. Auf einer bemehlten Arbeitsfläche den Teig nicht zu dünn auswalken, in kleinere Stücke schneiden, mit der Nussfülle füllen und zu Buchteln formen. Die Milch und den Zucker in einer Auflaufform wärmen, die Buchteln hineinschlichten, ca. 20 Minuten aufgehen lassen und im vorgeheizten Backrohr ca. 1/2 Stunde backen. Mit Zimt und Zucker bestreuen, oder mit Vanillesauce servieren.

**Dampferl:** 40 g Germ, 1 TL Zucker und 1/2 TL Mehl in 1 Stamperl lauwarme Milch einrühren und ca. 10 Minuten an einem warmen Ort aufgehen lassen.

# SAUCEN UND TEIGE

# Chili-Maissauce

*2 Stück klein geschnittenen, roten Paprika*
*2 Stück klein geschnittenen, gelben Paprika*
*1 klein gehackte, rote Zwiebel*
*1 kleine Dose Maiskörner*
*4 große, blanchierte, klein geschnittene Tomaten*
*1 TL Chili*
*Salz*
*Rosmarin*
*2 klein geschnittene Knoblauchzehen*
*1 Lorbeerblatt*
*2 Stück klein gehackte Salbeiblätter*
*ca. 50 g Maisgrieß*
*5 EL Olivenöl (Distelöl)*
*ca. 1/8 l Gemüsefond*

**Zubereitung:** Öl in einer Pfanne erhitzen, die Zwiebeln dazugeben und anschwitzen. Die Paprika, die Maiskörner und die Gewürze dazugeben, den Maisgrieß einrühren, mit Gemüsefond aufgießen und ca. 20 Minuten dünsten lassen.

# Holundersauce

*250 g Holunderbeeren*
*1/4 l Wasser*
*200 g entkernte Äpfel und entkernte Zwetschken*
*1 Zimtrinde*
*3 Gewürznelken*
*3 EL Zucker*
*2 EL Maisstärke*
*3 EL Wasser*
*1 Vanillezucker*

**Zubereitung:** Gewaschene Holunderbeeren mit Wasser aufgießen, Zucker und Obst dazugeben und ca. 30 Minuten kochen, dann die Masse passieren. Maisstärke und Vanillezucker in Wasser einrühren, in die Holundermasse einkochen und kurz aufkochen lassen.

# Jägersauce

*180 g klein geschnittene Zwiebeln*
*3 EL Sojaöl oder Nussöl*
*250 g klein geschnittene Schwammerln (nach Saison)*
*2 EL weißes Maismehl*
*ca. 1/4 l Gemüsefond*
*1 Prise Muskat, gemahlen*
*Salz, Pfeffer, Majoran*
*1/2 Bund klein geschnittene Petersilie*
*1/2 TL Kapern*
*1 Stamperl Sahne*

**Zubereitung:** Öl erhitzen, die Zwiebeln darin anrösten, die Schwammerln dazugeben, kurz mitrösten, mit Mehl stauben und mit kaltem Gemüsefond aufgießen. Gewürze sowie Kapern beifügen und alles ca. 20 Minuten leicht dünsten. Die Sahne einrühren, nicht mehr kochen lassen.

# Kartoffelpizzateig

*300 g Kartoffeln*
*3 EL lauwarme Milch*
*1 P Trockenhefe*
*1 Ei*
*1 Prise Salz*
*100 g Maismehl*
*50 g Maisgrieß*

**Zubereitung:** Rohe, geschälte Kartoffeln vierteln, in Salzwasser weich kochen, abseihen, passieren und auskühlen lassen. Mehl, Maisgrieß, Salz und die Trockenhefe unter die Kartoffeln mischen und zu einem glatten Teig verarbeiten. Ca. 15 Minuten an einem warmen Ort stehen lassen. Dann den Teig auswalken, auf ein mit Öl bestrichenes Backblech legen und nochmals 15 Minuten gehen lassen. Nach Belieben belegen und ca. 25 Minuten im vorgeheizten Backrohr bei 180°C backen.

# Rezepte von A bis Z